de mémoire
et d'amour

MARCEL ARNAUD
1911 - 1945

par
Marthe Arnaud

à mes enfants chéries,
Dominique, Roselyne et Claire

À la présence de son absence

Marcel au ski, hiver 1938, sur le plateau d'Ancelle, au-dessus du col de Manse

AU SOIR DE MA LONGUE VIE, je viens vous parler de votre père, ce « héros au sourire si doux » comme disait Victor Hugo. C'était vrai pour lui aussi. J'ai aimé votre père passionnément, à un point que peut-être vous n'imaginez pas car je vous ai trop peu parlé de lui, hélas, soucieuse que j'étais de ne pas attrister votre enfance, puis votre adolescence. J'ai eu grand tort, je le confesse ici. C'était pour moi une douleur si vive et si violente que mon cœur en a saigné pendant des années sans trouver d'apaisement. Vous comprendrez peut-être ma retenue et le fait que je me sois abstenue d'en parler trop.

Après tant d'années (55 ans), c'est pour moi un devoir de mémoire que d'évoquer cette époque et transmettre à ceux qui ne l'ont pas connu, et à nos descendants, le visage de votre père et la trop courte vie, remplie d'amour et de don de soi, qui fut la sienne. La responsabilité de la mémoire collective est grande face au risque de l'oubli. Il faut trouver un équilibre entre se souvenir, se nourrir du passé et le besoin d'oublier.

La mémoire ne redonne, hélas, pas toujours ce que nous lui avons confié : comme l'a dit le philosophe allemand Weinrich, « la mémoire est une sorte de symphonie en quatre mouvements : acquisition, conservation, transformation, expression. » L'équilibre est bien difficile à trouver.

Je me demande si ma mémoire pourra évoquer pour vous, faire voir à vos yeux, faire sentir à votre cœur, l'homme que fut Marcel Arnaud, votre père, cet être de lumière et de force que ses amis appelaient « le pèlerin de l'absolu » et qui revit merveilleusement dans ses filles. J'essaierai de me remémorer cette période avec toute la précision possible malgré la douleur extrême que je ressens, et cela avant que l'intérêt du monde ait trouvé ses limites et que la grande porte ne s'ouvre sur l'univers du silence.

NÉ À LA ROCHELLE, LE 11 AOÛT 1911, Marcel est orphelin de mère à l'âge de deux ans et son père disparaît, lui, sur le front dès novembre 1914 – mort pour la France. Issu d'une vieille souche paysanne de l'Hérault (côté paternel) et des Hautes-Alpes (côté maternel), votre père était un être merveilleux, hors du commun, généreux, lumineux, attentif aux autres et se donnant à eux, toujours disponible envers autrui. Il était l'humilité même, à un degré que je n'ai jamais plus rencontré chez qui que ce soit d'autre. Il avait une foi vivante, débordante. Ne m'a-t-il pas dit un jour, alors que je le taquinais, que pour sa foi il donnerait sa vie. Un vrai chrétien, un saint !

La jeunesse de Marcel avait été marquée par la double amitié de deux autres Marcel : Marcel Haupetit et Marcel Reggui. Professeur de lettres, né en Algérie, Marcel Reggui était un musulman converti au catholicisme.

Voici ce qu'il a dit de votre père dans un superbe témoignage intitulé « Marcel Arnaud, mon frère ». Ce texte a été écrit en décembre 1976 :

> C'est un matin de septembre 1929 que, par la médiation de Louis Bourgey, alors professeur de philosophie à Gap, j'ai rencontré, ensemble, les deux inséparables amis qu'étaient – et que restèrent – Marcel Haupetit, mort en mai 1940, sans avoir pu atteindre la prêtrise à laquelle il aspirait dans l'ordre des Dominicains, et Marcel Arnaud. Ils m'attendaient devant le porche de la cathédrale de Gap, où nous

nous étions donné rendez-vous. J'étais leur aîné de quelques années.

Cet été-là, nous étions une quinzaine d'enseignants, appartenant surtout à l'enseignement primaire de l'Éducation nationale qui, pour la deuxième année, venaient de se réunir pour une récollection et des journées d'études à Notre-Dame du Laus, épaulés par le mouvement des « Davidées » qui, en douze ans, avait gagné en notoriété et en nombre.

Les trois Marcel en 1929 : de gauche à droite, Marcel Arnaud, Marcel Reggui, Marcel Haupetit

Les deux Marcel s'étaient présentés, en juin, au concours d'entrée à l'École Normale d'Instituteurs de leur ville. Ils y étaient connus comme catholiques, ce qui, à l'époque, ne l'oublions pas, constituait un très sérieux et quasi-insurmontable handicap pour la plupart des candidats repérés pour leur pratique religieuse. Pourtant, Marcel Haupetit avait été reçu – parce que, pensions-nous, son oncle était un « laïc », dans le sens plénier et quelque peu agressivement anticlérical du terme, qui incitait à une certaine confiance les tenants locaux d'une laïcité militante. Par contre, Marcel Arnaud, qui n'avait jamais caché ses convictions chrétiennes, soutenu en cela par sa famille, fut recalé, bien qu'aussi bon élève que son ami fraternel.

Je garde de ce premier contact, qui allait durer jusqu'en 1939, que Marcel Arnaud, quoique meurtri et révolté par cet échec injuste, maintenait, intacts, toutes ses idées et ses espoirs.

C'est le premier trait de son caractère que je tiens à souligner, parce qu'il me paraît définir la personnalité de Marcel qui, dans un corps fragile, faisait battre une âme fervente, pétrie de certitudes difficiles qui, au long de sa trop brève existence, allaient se développer au contact de plus dures et plus cruelles réalités humaines pour faire de lui un chrétien exemplaire. Dès cette rencontre, j'ai senti en lui l'étoffe d'un être qui savait où il allait, assumant tout avec la liberté d'un enfant du bon Dieu : échecs, succès, déboires, souffrances, difficultés, etc. [« On ne peut avancer, disait-il, que si l'on sait où l'on va. »]

Jamais il n'a remis, à ma connaissance, en question ce à quoi il avait adhéré. Certes il ne se déterminait pas à la légère. Esprit sérieux, réfléchi et ouvert, il procédait méthodiquement à l'examen de tout problème qui se posait à lui, ou de tout projet que son esprit fertile inventait. Les conclusions auxquelles il aboutissait au terme de son analyse, étayée par un souci constant du recours aux autres pour des avis complémentaires ou contradictoires, l'entraînaient à des engagements qu'il vivait pleinement, allégrement, avec une lucidité critique impitoyable et, ensemble, généreuse.

C'est pourquoi, peu après la naissance de la revue *Esprit,* il a réalisé immédiatement ce que la pensée révolutionnaire d'Emmanuel Mounier lui apportait comme visée, à la fois réelle et prophétique. Elle a éclairé, orienté et soutenu ce qu'il vivait déjà concrètement dans sa vie de travailleur, qui ne se cantonnait pas dans sa profession. Du coup, à la lumière du personnalisme, il découvrait les possibilités chrétiennes de transformer le monde, *hic et nunc,* non pas seulement par une vie intérieure qui le haussait au niveau d'un rayonnement personnel qui fut indéniable, comme auront pu en témoigner celles et ceux qui auront vécu dans son environnement, mais par une action sur les structures – ce qui, à cette époque, apparaissait neuf dans la problématique chrétienne.

Pour Marcel, étaient indissociablement liées la révolution morale et la révolution des institutions pour créer un univers dans lequel chaque homme serait mis en état d'accéder à sa dignité et de pouvoir, enfin, en toute liberté, accepter ou refuser de partager notre commune foi en Jésus-Christ. Nous étions alors accusés d'être des utopistes...

Marcel frappait par sa transparence et son regard doux et désarmant de bonté. Il manifestait une volonté ferme, dans toutes ses démarches, de ne dissocier à aucun prix ce que l'enseignement que nous avions reçu appelait « le spirituel et le temporel ». Par tempérament, il était porté à la méditation, qu'il pratiquait comme naturellement ; pour autant, il n'était pas absent du combat que nous essayions alors de mener, à notre niveau, pour instaurer une société autre, qui ne fût pas fondée sur la primauté de l'Argent. Sans avoir subi, en ce temps-là, l'influence du marxisme, nous reconnaissions déjà l'importance de l'économique dans l'existence des hommes, d'ailleurs plus sentimentalement que méthodologiquement ; nous éprouvions douloureusement que notre foi ne pouvait pas être accueillie dans un régime socio-économique qui avilit l'homme. Nous estimions nécessaire et urgent de travailler à le changer radicalement pour laisser place libre à la libre rencontre de

Jésus-Christ. Naïveté émouvante de jeunes catholiques persuadés des pouvoirs de l'Amour conjugué avec l'action politique et culturelle...

Cependant celle-ci n'a commencé de nous apparaître comme une dimension essentielle dans notre vie chrétienne qu'avec le Front Populaire de 1936. Marcel, comme certains d'entre nous, n'avait nullement partagé les craintes de son entourage ; d'évidence, il avait accepté de jouer l'aventure de l'action politique avec les autres, croyants et incroyants, enfin unis dans la même Espérance humaine d'un nouvel ordre social orienté vers la libération de l'homme.

Je n'ai plus souvenance de ce qu'il a fait entre 1936 et 1939, date de notre ultime rencontre dans les Hautes-Alpes, à Saint-Léger, je crois [mais] je n'ai guère été étonné d'apprendre ses activités dans la Résistance. Il restait, en agissant ainsi, dans la fidélité à ses engagements d'adolescent, tôt mûri par la souffrance et soutenu par une foi inébranlable.

Je peux témoigner que les quatre décennies qui viennent de s'écouler n'ont pas terni l'image de celui qui demeure pour moi, à jamais, un frère vivant. Il avait le don, très rare, de « rassembleur », qui mobilisait les énergies et provoquait chacun(e) au dépassement de ses égoïsmes et de ses calculs. Parce qu'il se donnait sans compter, il a toujours su obtenir plus que ce qu'il attendait de nous tous.

Aujourd'hui encore, cet « absent » est toujours présent dans mon cœur reconnaissant. Son exemple lumineux me sert intérieurement de référence, et c'est en quoi son compagnonnage fraternel n'a pas cessé – et ne cessera qu'avec ma mort.

Le mariage des parents de Marcel : Gabrielle et son mari

La famille au grand complet, Marcel en marin tenant une pomme, son père et sa mère à gauche

Vue de Notre-Dame-de-la-Gardette

La cérémonie du mariage dans la chapelle de la Gardette à Saint-Paul-de-Vence

Marcel et moi nous sommes mariés le 30 mars 1940, à Saint-Paul-de-Vence. Nous avions souhaité être unis au couvent de Passe-Prest, mais une telle cérémonie n'y était pas possible. C'est pourquoi le mariage fut célébré, à l'ombre du couvent, en la chapelle privée de Notre-Dame de la Gardette.

Marcel et Marthe, 30 mars 1940

À cette occasion, le révérend père Bernard, O.P., s'adressa à nous en des termes mémorables :

> Chère Marthe et cher Marcel, une assistance choisie est venue joindre ses prières aux nôtres. Tous ces parents et ces amis, les grands et les petits, sont heureux de vous faire fête et de former des vœux pour vous. Dans bien des regards en ce moment posés sur vous, il me semble que je pourrais lire un sentiment de reconnaissance attendrie. Car, je peux le dire sans vous flatter, vous avez mis le dévouement à la base de votre vie, vous avez voulu penser aux autres avant de penser à vous. En vous unissant, vous voulez pouvoir vous dévouer encore plus. Vous avez grand idéal, vous avez grand cœur. [...]
>
> Vous savez pertinemment, puisque vous l'avez si gentiment mis dans votre faire-part, que c'est vous-mêmes qui allez être les ministres du sacrement. Nous tous ici, vos prêtres et vos témoins, moi-même qui vous parle et qui vais vous bénir, nous ne sommes que des spectateurs ; c'est vous les acteurs. Nous représentons la société chrétienne, la sainte Église de Jésus. Mais vous, dans cette Église, vous êtes investis d'un pouvoir qui vous vient du Christ lui-même, vous faites acte de Christ. Vous avez été une bonne fois incorporés à lui par votre baptême, mainte et mainte fois vous avez été et tout à l'heure encore vous serez nourris de sa substance : identifiés ainsi avec lui, vous ne pouvez vous joindre qu'en lui. Le Oui que vous allez vous dire est une parole consacrée par lui. Le lien qui va vous attacher l'un à l'autre rappelle – c'est son grand mystère – le lien étonnant qui attache à notre humanité celle même de l'Homme-Dieu : vous serez unis entre vous comme le Christ l'est avec nous. C'est pourquoi c'est si sacré, si indissoluble. Christ va sanctifier. Vous n'avilirez pas ce qu'il ennoblit. L'idée ne vous viendra pas de séparer ce qu'il aura unifié. Vous serez fixés dans la sainteté de votre état. Vous en vivrez. Vous y mourrez. [...]

Dieu veuille orner cette amitié du beau fruit de la fécondité : c'est encore une autre grâce, à laquelle se refuse un monde paganisé et se prêtent les époux chrétiens. Ils acceptent, saintement toujours, l'honneur de collaborer à une œuvre divine et de donner, en se perpétuant eux-mêmes, de petits chrétiens à leur grand Christ.

Mes enfants, toute votre vie tient dans ces quelques mots que je vous dis. Confiez-la à la très sainte Vierge Marie. Mettez-y le sceau de Jésus-Christ.

La photo du bonheur : Marthe, Marcel et Marie-Dominique à l'âge de 3 mois, juillet-août 1941

En 1938, Marcel avait loué ce qu'on appelait le « château » à Saint-Léger-les-Mélèzes dans les Hautes-Alpes. Là, pendant l'été, il organise des rencontres spirituelles de jeunes. Jeunes gens et jeunes filles y affluent et y vivent en communauté. On y reçoit le père de Lubac. Marcel Legaut, Emmanuel Mounier s'y succèdent, ainsi qu'Eugène Primard fondateur de la Société de Saint-Louis, le grand géographe Pierre Deffontaines, Robert Garric fondateur des équipes sociales, Alexandre Marc et tant d'autres. On aborde tous les sujets d'ordre spirituel, on discute des buts de la vie, de Theilhard de Chardin, etc. Nous sommes à la veille de la guerre.

Et puis il y a eu ces trop courtes années d'un grand bonheur – 1940, 1941, 1942, 1943, 1944. Il y a eu Dominique, sa fille tant chérie, Roselyne, et malheureusement la guerre qui faisait rage.

Dès juillet 1940, Marcel organise à Saint-Léger une première réunion de « démocrates-chrétiens » en vue d'une prise de position commune et sans équivoque face aux événements. Un an plus tard, en août 1941, la même équipe, grossie d'un certain nombre d'étudiants et du professeur Reuter de l'Université d'Aix, récemment évadé d'Allemagne et spécialiste du nazisme, s'organise en vue d'actions plus précises.

Alors qu'il avait perdu les 9/10e de sa vue vers 24-25 ans, il fut sollicité par Robert Garric pour devenir directeur départemental du Secours

National. Cette fonction lui permit de donner libre cours à ses capacités d'organisateur, et à sa générosité, grâce aux possibilités qui s'offraient à lui. C'est là sans doute qu'il attira l'attention terrible de l'occupant. Sa position lui permit d'établir de nouvelles cartes d'identité pour les Juifs que nous recevions et qui nous étaient envoyés par l'abbé Glasberg : ainsi l'écrivain Nicole Gaillot, de son vrai nom Nina Gourfinkel, ou tel couple de Juifs employés sous un faux nom au bureau du Secours National – et il y en eut bien d'autres. Puis les fausses cartes pour éviter les envois de jeunes hommes en Allemagne (dans le cadre du service du travail obligatoire, STO), puis d'autres actions comme la distribution des denrées reçues aux plus démunis ou le ravitaillement des camps de résistants, la diffusion d'un beau texte de Jacques Maritain, « À travers le désastre », édité à 3 000 exemplaires à Gap par votre père et dont les Allemands ne trouvèrent aucune trace lors de la fouille qu'ils effectuèrent dans notre appartement de l'hôtel du Relais (1 rue Carnot, à Gap) lors de l'arrestation de Marcel par la Gestapo le 3 avril 1944. Chaque jour que Dieu faisait, votre père s'échinait à dépanner, à trouver une solution pour les nouveaux arrivants, telle la famille Beauchaud, qui passa tout un hiver dans notre foyer en attendant de pouvoir s'installer dans une ferme que Marcel avait trouvée pour eux à la Baume-des-Arnauds dans les Hautes-Alpes.

Vue du « château » à Saint-Léger-les-Mélèzes (demeure louée à une vieille dame, comportant divers dortoirs)

Tout cela me rendait quelquefois un peu agressive à son égard. Je lui reprochais son manque d'attention et de présence au foyer. Il me répondait en souriant, expliquant que jamais sa présence et sa pensée ne nous quittaient, nous sa famille. Que pouvais-je répondre à cela ? J'étais, au fond, toujours d'accord avec lui. Marcel était bien conscient du problème.

Voici ce qu'il m'écrivit à ce sujet, probablement au cours de l'été 1942 :

> Tu dois être un peu lasse ce soir, ma petite Marthe chérie, et je ne suis pas avec toi, tout proche de toi. Mais je voudrais que ma pensée et ma tendresse suppléent un peu à ma présence ce soir. Tout mon être

voudrait te dire mon amour, et mon cœur est tout plein de désir et de tendresse. Ma bien aimée, celle en qui je me repose, je t'aime profondément et sans commentaire. Tu es mon Unique et je voudrais que tu sentes en cet instant la chaleur de mon amour, son enveloppement, sa vigilance, sa force. Si tu étais à côté de moi en ce moment, je crois que je te regarderais sans rien dire, et cela nous suffirait.

Je ne veux rien te dire ce soir de ce que j'ai fait aujourd'hui, des menus détails de la vie quotidienne. Ce sera pour demain, veux-tu ? Je ne t'écrirai pas longuement ; il me semble que cela me distrairait. Je comprends ce soir l'infini de l'amour. Je t'aime, Marthe.

Je ne vous dirai jamais assez l'immensité et la générosité de son cœur. Il trouvait des solutions aux cas les plus désespérés, essayant en même temps d'apprendre aux gens qu'il secourait à s'en sortir par eux-mêmes, évitant toujours d'en faire des êtres dépendants de l'aide d'autrui, des assistés.

En 1939, il avait créé à Gap la Caisse d'Allocations Familiales Agricoles des Hautes-Alpes, en devenant le directeur, avant d'être en 1940 nommé Délégué départemental du Secours National. À ces deux postes, il va ouvrir des écoles d'art ménager et d'apprentissage pour retenir les jeunes paysans dans leurs villages. L'une d'elles est aussi une maison d'accueil pour célibataires ou personnes isolées en quête d'un milieu spirituel. En 1939 est créée la Session Ambulante d'Enseignement Ménager qui a pour but l'éducation et la formation ménagère des jeunes filles des zones rurales. Ces cours, financés par la Caisse d'Allocations Familiales, sont assurés par Madeleine André et Marguerite Counort. Par ailleurs Marcel pousse et intensifie les camps de jeunesse afin de sauver la génération montante des exigences de l'occupant et éviter leur envoi en STO. En 1940, il devient propriétaire d'une maison à Arvieux-en-Queyras. Il y fonde un centre stable d'enseignement ménager. En 1943, la direction de la Caisse d'Allocations Familiales des Hautes-Alpes est confiée au comptable de Marcel, Gaston Faure, et le centre d'Arvieux passe sous le contrôle du Sous-Secrétariat d'État à la Jeunesse et aux Sports. Marcel s'emploie alors à ouvrir à Saint-Julien-en-Champsaur un nouveau centre d'enseignement ménager susceptible de relayer celui d'Arvieux. Le nouveau centre ne commencera à fonctionner qu'en 1945, sous l'impulsion de Madeleine André. Ému de voir un grand nombre de jeunes menacés par le STO, Marcel fonde en 1943, à Gap même, 1 rue Sainte-Marguerite, le Centre Social Familial, financé par le Secours National. Marguerite Counort quitte la session ambulante pour en prendre la direction. Afin de mieux camoufler le but réel de ce centre et pour lui donner l'apparence d'une école banale, on prend de très jeunes enfants à l'École de Porte-Colombes et à l'École de la Gare. À l'ouverture, le centre compte 23 jeunes filles qui reçoivent une formation de base. En 1944, Marcel remet la charge financière du centre (qui compte alors 48 élèves) au représentant de la Jeunesse et des Sports, le capitaine Jean Clappier (un ami de Marcel). L'école est transférée rue David Martin dans quatre pièces fournies par la municipalité et prend le nom de « Centre Sévigné ».

Voici ce que Jean Clappier m'a écrit, le 4 décembre 1999, au sujet de ses relations avec Marcel :

> C'est lors des vacances de Noël 1937 que j'ai rencontré pour la première fois Marcel Arnaud.
>
> Un groupe d'amis de Nice m'avait convié à une réunion avec des amis de Gap, à Baret-le-Bas auprès du curé du lieu, Justin Verney, vocation tardive, récemment ordonné prêtre, et de Marcel Arnaud.
>
> Nous avons vécu là trois jours – non à faire du ski comme nous l'avions initialement prévu, mais à discuter, à échanger nos points de vue... à « refaire » les Hautes-Alpes... et le monde, à réfléchir sur les problèmes graves qui se posaient alors !... et aussi à chanter. [...]
>
> Cinq ans plus tard, après la débâcle de 1940, je devais à Marcel Arnaud ma nomination, à l'automne 1942, au poste de Délégué à la jeunesse et de Commissaire au travail des jeunes, chargé du département des Hautes-Alpes à Gap.
>
> Ainsi s'explique la collaboration étroite qui, dès mon arrivée, existait entre les Délégations départementales du Secours national (dirigé par Marcel Arnaud) et de la Jeunesse dont, grâce à lui, j'avais la responsabilité.
>
> Une parfaite communion de pensée nous unissait. Notre adhésion sans réserve à la Résistance, dans une totale discrétion et une entière liberté,

tissait la trame de notre action, marquée du sceau d'une confiance mutuelle sans faille [...].

L'entente fraternelle, dans le travail quotidien, entre les deux délégations a fonctionné dans les meilleures conditions jusqu'à l'arrestation de Marcel. Une consternation, une angoisse, une douleur pour tous ! Hélas !

Marcel faisait partie de l'élite spirituelle, intellectuelle, professionnelle, sociale du département. L'occupant, et aussi quelques éléments français acquis sans réserve à la collaboration avec l'occupant nazi ou fasciste, avaient programmé la suppression de cette élite.

La fin dramatique, cruelle de Marcel ne saurait surprendre. Il était impensable que notre ami s'éteigne dans un lit douillet, entouré des siens en prières et en larmes. Sa foi, le don de soi pour le plus haut service, le conduisaient naturellement vers le sacrifice total. Il était l'un de ces « saints en cravate » qui ne figurera sans doute jamais sur les autels, mais qui était une grâce exceptionnelle du Seigneur pour tous ceux qui l'avaient rencontré, admiré, aimé. Il était, et il reste à jamais, leur espérance et leur lumière.

Il me revient en mémoire qu'alors que nous étions tout jeunes mariés et Dominique encore petit bébé, nous partions voir nos amis agriculteurs dans le Champsaur, le Queyras, le Diois, rendant visite à Yvon et Yvonne Truc ou au Pasteur Cadié à Arvieux. Marcel avait fait faire un panier en osier qui épousait son dos, et qu'il portait avec des courroies. Il y avait même une petite capote pour abriter le bébé du soleil ou de la pluie, et notre Dominique toute heureuse gazouillait en admirant le ciel et les étoiles. Le panier contenait tout le nécessaire pour le bébé. Et, ainsi harnachés, nous partions – à pied, en voiture, en car. C'était joyeux et drôle, les gens rencontrés nous prenaient facilement pour des marchands ambulants et nous demandaient ce que nous avions à vendre. C'est aussi vers cette époque (en mars 1943) que nous achetâmes deux métiers à tisser au Secours National (pour la somme de 1 535 F). Grâce à ces métiers, je pus confectionner des vêtements pour les enfants. C'était le retour à l'artisanat.

Et puis il y eut la période bénie dans la religieuse solitude du village abandonné d'Agnielles-en-Beauchêne dans le Diois, où un soir de pleine lune, Claire, ma fille chérie, fut conçue.

Puis le voyage en train vers la sœur de Marcel, Thérèse et son mari le docteur Georges Dandrieu, chirurgien à Salies-de-Béarn. Trouvant que son « Fenou » (petite femme en patois haut-alpin – il me donnait souvent ce petit nom affectueux) avait une vie austère et dure à Agnielles, Marcel avait décidé de ce voyage. Ce fut un cœur-à-cœur (le dernier hélas) de Marcel avec sa sœur Thérèse qui adorait ce frère merveilleux.

À notre retour, dans le train, nous nous sommes mis à chercher le prénom de ce bébé que j'attendais : ce serait Claire pour une fille, Jean-Marie pour un garçon.

Marcel
et Dominique

Et c'est là, dans ce train du retour, que Marcel m'a fait un somptueux cadeau, m'exprimant tout son amour et la joie et le bonheur que je lui donnais. Je n'oublierai jamais ce moment merveilleux.

À Agnielles (qui abritait dans ses ruines un dépôt d'armes « récupérées » avec, non loin de là, un camp de résistants que nous ravitaillions), je suis avec Dominique et Roselyne. Claire n'est pas encore née. Le soir, je lis l'Évangile à Marcel. Il l'écrit au fil de ma lecture et ainsi l'apprend par cœur. A-t-il prévu qu'un jour il le dirait de mémoire à ses camarades dans l'isolement total de la déportation à Neuengamme ?

Nous passons là un hiver (1943-1944) bien retirés, occupés à diverses tâches obscures et nécessaires. Un certain matin, les gendarmes, en nombre, entourent et cernent notre maison ; ils recherchent armes et résistants... Finalement ils repartent, bredouilles. Nous abritions à l'époque un « indic » de la Gestapo, Vallet, qui plus tard livrera Marcel – et sera lynché à la Libération dans les rues de Gap.

« Je garde intacte la dernière vision que j'ai de Marcel : debout devant la porte de la maison d'Agnielles » (Vicaire général Justin Verney, le 17 avril 1964)

La maison (ancienne cure) d'Agnielles-en-Beauchêne

À 23 ANS, JE L'AI SIGNALÉ, MARCEL avait perdu les 9/10e de sa vue. Il s'agissait d'une maladie génétique transmise par les mères à leurs fils – atrophie optique dite de Leber. C'était là une terrible épreuve, mais il disait calmement que c'était pour lui quelque chose de très enrichissant, que cela lui apprenait à mieux entendre, tout en lui donnant un sentiment de dépendance envers ceux dont il avait besoin dans son état. Toujours cette humilité ! Pour lui tout était grâce ! Le docteur Quertant, de Cannes, aida cependant Marcel à retrouver un peu de sa vue par un ensemble d'exercices (gymnastique de l'œil).

Généreux, il n'attendait rien en retour. Il disait souvent : « Qu'importe si dans telle ou telle occasion on vous diminue en vous traitant de "poire". Qu'importe puisque vous savez, vous, que vous n'en êtes pas une. » Ou encore : « Si tu rends un service quel qu'il soit à quelqu'un et que tu le rencontres, ne t'étonne pas de le voir traverser la route afin de ne pas te saluer ».

Puis vint le jour noir. À 6 heures du matin, le 3 avril 1944, Nuttgens, chef de la Gestapo, accompagné de plusieurs autres Allemands, dont un nommé Schmidt, essaya de pénétrer de force dans notre appartement du Relais à Gap – là où, en pleine guerre, le directeur de *Combat*, journal de la Résistance, était venu voir Marcel. L'hôtel « Le Relais », dont Marcel était le fondateur-directeur et où se trouvait notre domicile, avait un statut bien curieux : depuis la capitulation, il abritait « officiellement » la Commission d'armistice des « vainqueurs » transalpins et il eut même pour « hôte » le célèbre Hérold-Paquis, propagandiste officiel de l'« Ordre nouveau », ce qui ne manqua pas de créer un certain nombre de frictions (notamment au sujet d'un portrait de Darlan dont Marcel refusa obstinément l'accrochage) ; mais cela n'empêcha nullement la tenue secrète, dans les mêmes murs, de fréquentes réunions de résistants, en particulier avec un mandataire d'Henri Frenay. Il ne se passait guère de jour sans que des hommes traqués – tel responsable d'un mouvement clandestin de Marseille ou cinq jeunes Israélites évadés d'un train de déportation – n'arrivent au Relais où ils étaient hébergés, puis dirigés vers un lieu plus sûr.

La porte étant fermée à clef, les Allemands durent sonner, et c'est moi qui vins leur ouvrir. Aussitôt, ils pénètrent brutalement dans l'appartement. Marcel sort de sa chambre et Nuttgens lui demande s'il est bien « le délégué départemental du Secours National ». Sa réponse étant affirmative, Nuttgens lui signifie qu'il l'arrête car, dit-il, « cette nuit un crime a été commis dans la maison ». Il s'agissait en réalité d'un chien policier – don personnel du Führer au Commandant de la place de Gap – qui avait été empoisonné...

Au cours de l'interrogatoire sommaire qui s'ensuivit, Nuttgens demanda à Marcel s'il le connaissait. « Eh bien, moi, lança-t-il, je vous connais, il y a longtemps que je sais qui vous êtes, il y a longtemps que je vous suis. »

Après deux heures de perquisition, au cours desquelles rien ne fut découvert, Nuttgens donne l'ordre à un des soldats qui l'accompagnent d'emmener Marcel et de l'enfermer dans une cellule de la caserne Desmichels. Indignée par ces procédés, je proteste. Nuttgens me répond alors que je devais bien savoir pourquoi on arrêtait Marcel puisque « tous les oiseaux le chantaient sur les toits », ajoutant que j'avais deux heures pour libérer l'appartement. Dominique, réfugiée sous la table de la cuisine, assistait à la scène et, quand je voulus la faire sortir pour amadouer l'officier allemand, elle ne voulut rien savoir. Nuttgens laissa deux factionnaires sur place jusqu'à ce que, deux heures plus tard, je quitte effectivement les lieux avec mes enfants. L'appartement fut immédiatement occupé par le chef de la Kommandantur, puis dépouillé et pillé.

D'après les témoignages de plusieurs de ses camarades (Alfred Schreiber, Maurice Dupont et René Maréchal qui sont, eux, revenus), Marcel fut acheminé fin avril à la prison des Grandes Beaumettes à Marseille (où je pus le revoir brièvement une dernière fois) avant d'être transféré le 18 mai au camp de Compiègne, puis dirigé le 4 juin vers l'Allemagne, dans la région de Hanovre. C'est ensuite le camp de concentration de Neuengamme près de Hambourg (matricule 34687), où il arrive le 7 juin 1944. Le 1er juillet suivant, il est transféré pour quelque temps vers le camp de Misburg, situé à quelques kilomètres à l'est de Hanovre (et non – comme l'indiquent certains documents – à celui de Sachsenhausen, situé 150 kilomètres plus au sud, non loin de Kassel). Puis, fin juillet, il revient à Neuengamme où il passe tout l'hiver et le printemps 1944-1945 avant d'être envoyé le 5 avril 1945 au camp d'extermination de Bergen-Belsen près de Hanovre, où il décède deux semaines plus tard, le 19 avril, quatre jours après la libération du camp par les Anglais.

Mais la confirmation de sa mort a été problématique et nous a plongés pendant plusieurs semaines dans une succession de sentiments contraires où alternaient la joie, le doute et le désespoir. Le 25 avril la radio annonce que Marcel est libéré. Le lendemain, je monte de Nice à Gap pour attendre son retour. Le 20 mai, mon père reçoit un télégramme de la Maison des Déportés à Paris annonçant son rapatriement en ces termes : « Première liste de Bergen-Belsen des déportés en instance de rapatriement du département des Hautes-Alpes : Arnaud, Marcel ; Bernière, Élie. » Le 22 mai, nous recevons une lettre datée du 19 et signée R. Garnier en provenance du Ministère des Prisonniers de Guerre : « Le Ministre [...] est heureux de vous informer de la libération de M. Arnaud Marcel de Bergen-Belsen, actuellement en instance de rapatriement. » La lettre ajoute : « Certains libérés ont pu devancer nos informations et seront rentrés dans leur foyer quand arrivera la présente note. »

Je rentre à Nice mais, suite à de mauvaises nouvelles dont on me fait part, je retourne à Gap le 13 juin. Le 14, nous montons à Grenoble avec Justin Verney, ami de Marcel, pour rencontrer un déporté et obtenir des informations. Ce déporté m'annonce la mort de Marcel mais je me refuse à le croire. Le 16 juin, je fais télégraphier au Ministère des

Prisonniers par la Maison du Déporté de Gap, mais aucune réponse n'est donnée. Le dimanche 17 juin, je décide de me rendre à Paris où je donne tous renseignements à une de mes amies, Majo Reynaud, employée bénévole au rapatriement, qui se rend en Allemagne. Le 19 est créée une mission civile pour recherche avec promesse de se renseigner au plus vite. Le 20, je vais voir M. Jehlen, directeur des Déportés à qui j'expose la situation. Je le revois le lendemain : il ne sait toujours rien mais promet de se renseigner. Le 21 et le 22, je me rends au Ministère des Prisonniers où l'on m'a dit de rencontrer les directeurs suivants : Weill, Dulac et Garnier. Impossible d'en rencontrer aucun. En désespoir de cause, je vois la secrétaire de M. Garnier, signataire de la lettre de bonne nouvelle reçue le 22 mai. Je fournis à Mme Dewrance tous les détails possibles concernant Marcel ; puis nous consultons la liste des « décédés » : Marcel n'y figure pas. L'espoir renaît.

Le 25 juin, je me rends à Lyon. Le lendemain je rencontre la famille du docteur Jeune qui à Neuengamme a soigné Marcel avec beaucoup de dévouement. Mais j'apprends avec stupeur qu'il a disparu. Je me rends alors à l'hôpital de la Grange-Blanche où je rencontre un jeune déporté qui me confirme que le docteur Jeune était sur le bateau coulé par les Anglais dans la Baltique.

Le 5 juillet, je reçois du Ministère des prisonniers une note, signée cette fois Éveline Garnier, et ainsi libellée : « En réponse à votre télégramme, nous vous confirmons que Monsieur Arnaud Marcel est bien sur la liste des libérés [...] Envoyez-nous photo et signalement pour recherches en Allemagne. »

Au fil des jours, l'espoir va fondre comme neige au soleil. Une lettre datée du 22 juillet est adressée à mon père par M. Jehlen à l'en-tête de la Fédération Nationale des Centres d'Entraide des Internés et Déportés Politiques. Deux hypothèses sont mises en avant pour expliquer que pour l'heure aucune trace de Marcel n'ait été retrouvée :

1) Quelqu'un avait indiqué être Marcel Arnaud en se servant de papiers dérobés à votre gendre.

2) M. Marcel Arnaud, effectivement libéré par les Alliés, est tombé malade après sa libération et n'a plus donné de nouvelles depuis.

Toutefois, il nous a été impossible de savoir où il a été hospitalisé. Vous n'ignorez pas qu'il y a encore environ 45 000 libérés dans les zones anglo-franco-américaines dont on ne connaît pas tous les noms, parce qu'ils sont très dispersés.

Je ne puis qu'exprimer mon sincère espoir que vous ayez dans un avenir aussi rapproché que possible des nouvelles.

Les nouvelles arrivèrent le 30 août sous la forme d'une lettre du Ministère des Prisonniers de Guerre adressée à mon père :

Nous avons le regret de vous faire savoir qu'aux termes d'une information en notre possession, Monsieur Arnaud Marcel, né le 20 février 1918, serait décédé le 5 mai 1945.

Ces renseignements ont été relevés sur la liste de l'abbé Haurer.

Toutefois ces renseignements ne sauraient dans l'état actuel tenir lieu d'attestation officielle.

« Serait décédé »... « dans l'état actuel »... Le doute, le doute insupportable fut bientôt dissipé. Le témoignage d'un déporté de Bergen-Belsen, pharmacien à Orléans où il venait d'être rapatrié (et qui décrivait les déportés comme « des loups au milieu des loups »), vint anéantir les derniers espoirs de la famille. La nouvelle fut officiellement confirmée par une lettre du Ministère des Prisonniers de guerre, Déportés et Réfugiés, lettre signée « Sous-Lieutenant Henri François-Poncet » et adressée depuis Belsen le 4 septembre 1945 :

J'ai le regret de vous annoncer que Monsieur Marcel Arnaud, présent à Belsen au moment de la libération en pleine épidémie de typhus, est décédé fin avril 1945.

Marcel n'a pas de sépulture, car il fut mis avec tous les autres morts dans un immense trou.

Le grand trou
de Bergen-Belsen

Comment parler ici de l'horreur des camps et du chemin de croix de Marcel dans cet enfer innommable ? Se souvenir est un devoir impérieux, mais il est difficile de dire avec des mots ce que fut la déportation – l'abolition de la dignité humaine à la suite des coups, du froid, de la famine, des activités épuisantes, des mauvais traitements de toutes sortes, de la démoralisation systématique. Les mots des autres diront peut-être avec davantage de force ce que je ne peux moi-même exprimer.

Plusieurs camarades de déportation ont en effet témoigné sur la personne, le comportement et les derniers jours de Marcel dans les camps.

Voici l'essentiel de ces témoignages :

Christ offert par Marthe Arnaud le 10 décembre 1972 au sanctuaire de l'abbaye Notre-Dame-de-la-Paix à Castagniers dans les Alpes-Maritimes : à la mémoire de Marcel et pour lui servir de sépulture

— D'abord celui-ci, d'un camarade visiblement très cher mais dont la signature est illisible (Alfred Schreiber ? Ou peut-être Maurice Dupont ?) :

> Tant que je vécus à Neuengamme, près de Marcel, j'ignorais l'importance de son rayonnement spirituel parmi ses amis libres, et de cela il me laissa bien ignorant. Je crus simplement avoir découvert un ami et un camarade incomparable, comme il arrive d'en rencontrer seulement une ou deux fois dans une pauvre vie d'homme, tellement ces êtres vous apparaissent exceptionnels.
>
> J'ignorais surtout que j'aurais un jour à porter témoignage de ses paroles, de ses actes, de son exemple parmi nous, car je n'imaginais pas qu'il pût être de ceux qui ne devaient pas revenir tant il était confiant dans le destin que Dieu lui traçait. En égoïste, je regardais, j'écoutais, me sentant si petit près de lui, malgré nos aspects physiques si différents, sans songer à la valeur immense que revêtait son exemple du fait des circonstances dans lesquelles nous évoluions – et qu'en tant que tel, il mériterait d'être transmis à ses héritiers spirituels. Pris en faute, je réalise davantage maintenant le sens du postulat selon lequel il faut bien admettre que les « desseins de Dieu sont impénétrables » ; car de nous deux pourquoi est-ce moi qui suis ici, incapable de transmettre fidèlement son témoignage, auquel lui-même aurait donné tout son sens et toute sa valeur pour le plus grand bien de notre triste humanité ?
>
> Par lui je fis connaissance de Dominique et de Roselyne. Je ne crois pas me souvenir qu'il ait été informé de la naissance de Claire, mais il me parla à plusieurs reprises de cet enfant qu'il attendait.
>
> Je me souviens lui avoir, lorsqu'il me parlait d'Agnielles, posé cette question : « Mais ta femme s'est-elle adaptée à cette vie austère et rude ? Peut-être était-elle habituée à un tel genre de vie ? » Sa réponse fut : « Pas

du tout; au contraire, ma femme a vécu jusqu'ici à Nice mais, de par sa formation, elle offrait un terrain tout préparé à mes principes, et je crois que cette vie simple et primitive lui plaisait. »

Lors de nos réunions du dimanche, au cours desquelles nous lisions la messe sous sa direction, nous terminions toujours sur sa demande par une prière pour nos familles, ainsi que par une à l'attention tantôt de tel camarade, tantôt de l'ensemble de ceux qui étaient morts dans le camp, d'autres fois enfin pour des intentions plus générales en même temps que plus élevées, si l'on peut s'exprimer ainsi.

— Puis ce témoignage recueilli en Belgique par Roger Benard et Louis Meyer et posté le 6 septembre 1945 :

Après plusieurs démarches vaines, nous sommes tombés sur un camarade de détention qui a connu Marcel à Neuengamme et à Bergen-Belsen, et voilà ce qu'il nous a dit : « Que Marcel, très, très fatigué, avait fait le trajet de Neuengamme à Belsen avec lui, qu'il avait séjourné avec lui jusqu'après la Libération au bloc 24 et qu'ensuite il avait été rejoindre un groupe de Français au bloc 36 (cela devait se passer – ce changement de bloc – vers le 17-19 avril). Depuis lors il ne savait pas ce qu'il était devenu. Mais, vu l'extrême faiblesse dans laquelle il se trouvait lorsqu'il est parti pour le bloc, il ne pense pas qu'il ait pu survivre longtemps ! »

— Témoignage de Raymond Durand (matricule 33599), recueilli par l'Amicale de Neuengamme :

J'ai connu Arnaud à Neuengamme, fin juin ou début juillet 1944, un soir, en rentrant du travail – hors du camp.

Je recopie quelques lignes de la relation écrite à mon retour : « Le soir arrive, on rentra au camp, en devisant à voix basse. "Je n'y vois pas, me dit mon voisin. J'ai le nerf optique atrophié. J'étais voyageur, j'ai dû abandonner le métier. Maintenant, avec des camarades, nous avons défriché une ferme dans les Alpes. Nous cultivions la lavande, nous avions des moutons..." Ainsi, je fis connaissance du brave Arnaud, de Gap. »

Par la suite nous nous sommes retrouvés sur les rangs et je le tenais par le bras, lorsque c'était possible, dans la colonne en marche. J'ai pu avoir d'autres détails sur sa vie : la propriété était située à Veynes [...]. Le 6 juillet nous sommes partis en K° à Misburg, où j'ai travaillé au camp, à la corvée quotidienne des patates avec Aubry, le père Baumer (de Vaux-en-Velin, son fils étant aussi déporté), Renacco (de Marseille) et lui. Vers le 1er août, j'ai été muté à un K° dans l'usine, et fin juillet, le K° patates (les malades) est retourné à Neuengamme.

Pour ma part, je suis retourné au camp avec une partie du K° de Misburg, le 1er novembre, et j'y ai revu Aubry et Arnaud, portant un brassard jaune avec trois boules noires. Arnaud, très estimé de tous, était souvent entouré de camarades qui recherchaient sa compagnie, et on entendait souvent son nom dans la bouche des détenus. Je l'ai vu pour la dernière fois le 16 janvier 1945.

— Un second témoignage de Raymond Durand donne davantage de précisions :

J'ai hésité à répondre [au questionnaire de l'Amicale] car je n'étais pas sûr qu'il s'agisse de lui : j'avais oublié son prénom, et surtout je doutais qu'il soit allé à Sachsenhausen.

Notre odyssée commune a été Neuengamme (7 juin-6 juillet), Misburg (7 juillet-fin juillet), d'où Marcel est revenu à Neuengamme avec les « invalides ». Je suis revenu à Neuengamme le 1er novembre et l'y ai revu, dans un bloc qui n'était pas le mien (il travaillait peut-être aux « tresses »). En janvier j'ai été, avec bien d'autres, enfermé au bloc dit « de repos », bâtiment en briques à gauche de l'entrée du camp (je ne sais s'il existe toujours) et suis parti en mars (avec un car suédois ?!) à Wattenstadt, puis Ravensbrück, et enfin Machow, où j'ai été libéré par les Russes, le 2 mai 1945. J'ai donc perdu la trace de Marcel en janvier. [...]

J'ai surtout connu Marcel sur la route qui allait du camp vers la campagne, lorsque nous allions au travail, fin juin, après la « quarantaine » qui suivait notre arrivée au camp, et pendant les quelques semaines où nous épluchions des patates à Misburg, avec Aubry et quelques autres. [...]

Il n'est pas étonnant qu'Aubry se soit souvenu de Marcel, d'autant plus qu'ils sont rentrés ensemble à Neuengamme, où tous deux ont obtenu le brassard jaune à boules noires, ce qui était une « faveur » assez rare. C'est à mon retour à Neuengamme, en novembre, que je les ai revus, et qu'Aubry m'a expliqué le pourquoi de ce brassard, qui les signalait à l'attention « bienveillante » des gardiens et leur évitait de recevoir des coups de trique, que ces messieurs distribuaient généreusement, surtout la nuit, lorsqu'ils nous dirigeaient vers les abris, en hurlant « Los ! Los ! » pendant que les bombes tombaient sur Hambourg.

C'est d'ailleurs dans l'une de ces circonstances que j'ai revu Aubry pour la dernière fois. Quant à Marcel, je l'avais revu, vers midi, un jour, à la sortie du réfectoire, causant avec un groupe de camarades inconnus de moi. Nos rencontres n'étaient pas de longue durée, nous étions soumis à tous les caprices et hasards d'une situation qui changeait d'un instant à l'autre. Je me suis souvent souvenu du vers de Victor Hugo, que j'appliquais à ma situation : « Comme la graine au gré de l'air qui vole ».

Marcel, à cause de sa vue, fut effectivement affecté aux « tresses ». Ce travail consistait à réunir en tresses des chiffons préalablement effilochés. Ces chiffons provenaient soit de vêtements pris sur les détenus morts ou brûlés dans des crématoires, soit des récupérations de la Werhmacht. Il fallait trier les chiffons, en faire des tresses. Les tresses étaient réunies trois par trois de manière à confectionner des bandes de plus en plus larges. Ces bandes étaient destinées soit à la Marine sous forme de cordages ou sous forme de balles d'accostement pour les navires, soit à la protection et à l'emballage des obus. Des tresses on faisait aussi des tapis de porte. Les déportés travaillaient de 12 à 13 heures par jour, avec roulement de nuit et de jour et une heure d'arrêt à midi. Ils travaillaient aussi le dimanche matin. Ce travail aux tresses, considéré comme travail non pénible, entraînait des restrictions de toutes sortes pour ceux qui y étaient affectés, restrictions alimentaires et restrictions vestimentaires. On enlevait aux détenus tout vêtement en bon état ainsi que les chaussures. Le casse-croûte de 10 heures était la plupart du temps supprimé ; le matin, une tranche de 50 grammes de pain et du mauvais café ; à midi, une soupe ; le soir, margarine ou pâté et pain. Le chef de table, en général un Polonais, servait la nourriture par ordre décroissant : d'abord aux Polonais, aux Russes, à tous les autres, puis aux Français en dernier lieu. Les Français n'avaient pas droit aux distributions de vêtements – chemises, pantalons.

— Témoignage d'Abel Bessac, électromécanicien à Cabrerets dans le Lot, père de six enfants, ancien dirigeant de la JAC, déporté pour résistance militaire :

> J'ai rencontré Marcel dès le début de juin 1944 au camp de Neuengamme près d'Hambourg. Voisins de lit, nous nous sommes liés d'amitié, partageant les mêmes émotions et les mêmes sentiments. Sa vue déjà faible n'a cessé de diminuer jusqu'à la fin. Il est resté au camp environ deux mois, puis il est parti en transport pour travailler au déblaiement d'une usine (aux environs de Berlin, je crois [en fait, à Misburg]). Il en est revenu un mois après comme invalide des yeux ; il est resté au camp jusqu'au 4 ou 5 avril (1945), date de notre évacuation sur le camp de Bergen-Belsen près d'Hanovre, où nous devions être

délivrés le 15 par une pointe avancée anglaise. Au cours de ces longs mois d'hiver, j'ai eu la possibilité de secourir Marcel dans la mesure de mes pauvres moyens. Nous avons partagé aussi pendant plusieurs mois la même couchette. Vers fin février, j'ai dû insister pour qu'il passe à la radio et se présente à l'infirmerie car il toussait beaucoup et maigrissait de même. Grâce à l'intervention de M. le Docteur Jeune, de Lyon, il a été admis; il était déjà gravement atteint aux poumons. À l'infirmerie, le Dr Jeune a été pour lui plus qu'un frère. Il a fait l'impossible pour le dorloter au mieux et lui permettre de revenir mourir chez lui.

Rentré moi-même à l'infirmerie depuis quelques jours, nous avons été évacués avec Marcel en qualité de malades sur le camp de destruction de Bergen-Belsen [...], où nous avons passé quelques jours vraiment atroces. Les Anglais sont arrivés le 15 avril; mais ils nous ont laissés un mois à l'abandon, sans soins et sans médicaments, se contentant de fournir sur le stock allemand une nourriture qui pour nous était mortelle. La diarrhée et le typhus se sont installés en maître dans le camp et la mortalité s'est maintenue à un taux élevé. Après le 15, nous avons été accidentellement séparés, Marcel restant dans le même bloc, moi-même étant affecté à un autre. Mais j'allais le voir matin et soir, car il avait pris lui aussi la diarrhée et faiblissait sensiblement. J'avais réussi le 19 avril à construire une tente assez confortable dans le but d'échapper à la contagion du typhus. Le 20 au matin, j'allai chercher Marcel pour le transporter dans cette tente. Ses camarades français m'ont alors annoncé sa mort dans la nuit. J'ai longtemps recherché son corps pour le signer et essayer de lui donner une sépulture convenable; mais en vain la corvée de cadavre était déjà passée, et je n'ai pu le retrouver.

— Dernier témoignage adressé à l'Amicale, celui de René Maréchal, d'Orbeil par Isouard dans le Puy-de-Dôme :

J'ai en effet très bien connu à Neuengamme votre regretté camarade, Arnaud Marcel. Il a travaillé longtemps dans ce camp aux « tresses », travail de tissage de cordes et de débris de vieux chiffons dans des sous-sols malsains, mal aérés et humides.

La rigueur du climat, la longueur des appels et le manque de nourriture le conduisirent à l'infirmerie où il est entré grâce à la protection d'un camarade médecin, le docteur Jeune de Lyon, noyé lors de la tragique noyade de Lübeck quelques mois après. Le séjour à l'infirmerie fut pour Marcel Arnaud une période de douceur. Une affection pulmonaire sérieuse lui donnait chaque jour une forte fièvre et des malaises assez fréquents. Mais c'était le « havre ». On était, au *Revier,* partiellement à

RÉPUBLIQUE FRANÇAISE

M. 2 bis.

MINISTÈRE DES ANCIENS COMBATTANTS ET VICTIMES DE GUERRE

SERVICE DE L'ÉTAT CIVIL
37, Rue de Bellechasse
PARIS (7e)

PARIS, le 14 JUIN 1946

Madame,

J'ai l'honneur de vous faire connaitre que l'acte de décès de M mr . ARNAULD, Marcel - Léopold dossier n° 4649 a été établi et envoyé en transcription à la Mairie de .... ; c'est à cette Mairie qu'il faut vous adresser pour obtenir les extraits d'acte de décès dont vous pourrez avoir besoin.

La mention " MORT POUR LA FRANCE " a été inscrite sur l'acte de décès.

Veuillez agréer, Madame, mes respectueux hommages.

Madame ARNAUD
"le Relais"
G A P (Htes.Alpes

EXTRAIT

du DÉCRET en date du 14 Mars 1959

publié au J. O. du 21 Mars 1959

portant concessions de la MEDAILLE MILITAIRE

ARTICLE Ier Sont décorés de la MEDAILLE MILITAIRE, les militaires dont les noms suivent :

A TITRE POSTHUME

. . . .

– ARNAUD Marcel.

" Magnifique patriote. Arrêté pour faits de Résistance le " 3 Avril 1944, a été interné jusqu'au 15 Juin 1944 puis déporté le " 16 Juin 1944 dans un camp de concentration, où il est mort glorieusement pour la France le 19 Avril 1945. "

. . . .

CES CONCESSIONS COMPORTENT L'ATTRIBUTION DE LA CROIX DE GUERRE AVEC PALME A TITRE POSTHUME, ELLES ANNULENT LES CITATIONS ACCORDEES ANTERIEUREMENT POUR LES MEMES FAITS.

ELLES NE COMPORTENT PAS L'ATTRIBUTION DE LA MEDAILLE DE LA RESISTANCE A TITRE POSTHUME, LES INTERESSES ETANT DEJA TITULAIRES DE CETTE DECORATION.

Signé : C. DE GAULLE

Par le Président de la République
Le Premier Ministre

LE MINISTRE DES ARMEES
Signé : P. GUILLAUMAT

SECRÉTARIAT D'ÉTAT À LA GUERRE.

DIRECTION DU PERSONNEL MILITAIRE DE L'ARMÉE DE TERRE.

MODÈLE 2.

Annexe à l'I. M. n° 2397 SEFAG/CAB/EMP du 3-2-1950.

RÉFÉRENCES : Loi du 6 août 1948 (J. O. du 8 août 1948). Décret du 25 mars 1949 (J. O. du 26 mars 1949).

CERTIFICAT DE VALIDATION DES SERVICES, CAMPAGNES ET BLESSURES DES DÉPORTÉS ET INTERNÉS DE LA RÉSISTANCE.

DECISION MINISTERIELLE N° 046/DIR

NOM : ARNAUD   Prénoms : Marcel
Né le II.8.I9II   à LA ROCHELLE (Ch. Mme)
Bureau de recrutement : ....   Classe : ....   N° Mle de recrutement : ....
Déporté ~~ou interné~~ de la Résistance [1].   Carte n° I.0I4.22343
Interné du 3.4.I944 au I5.6.I944   Déporté du I6.6.I944 au I9.4.I945
~~Rapatrié ou libéré le~~ [1]   Décédé ~~ou disparu~~ le I9.4.I945

Le grade d'assimilation attribué à l'intéressé en vue de la liquidation de ses droits est celui de

29.I73   GRADE REEL

pour la période de son internement et de sa déportation.

SERVICE MILITAIRE ACTIF. (Article 8 de la loi du 6 août 1948.)

Est comptée comme service militaire actif dans la zone de combat et dans une unité combattante la période du 3 Avril I944 au I9 Avril I945

Est comptée comme service militaire actif la période du ////// au //////

CAMPAGNE 1939-1945. (Article 8 de la loi du 6 août 1948.)

Déporté résistant ~~ou interné résistant pensionné à 50 %~~ [illegible]

~~Interné ou~~ déporté résistant du 3.4.I944 au I9.4.I945

soit 2 ans, 0 mois, I6 jours de campagne double.

Interné résistant du ////// au ~~A bénéficié dans le décompte des campagnes~~ [illegible]

soit /// ans, /// mois, /// jours de campagne simple.

Blessures de guerre : MORT POUR LA FRANCE.

Déporté résistant. – Assimilé à un blessé de guerre (articles 6 et 8 de la loi du 6 août 1948) :

Considéré comme blessé le //////////

Déporté ou interné résistant blessé de guerre (blessures réelles) :

Blessé le ///, le ///, le ///, soit : /// blessures.

Destinataire : [2]
Mme ARNAUD Marthe
I, rue Carnot
G A P (Htes-Alpes)
Ex: C: Recrt. 4è R.M. POITIERS

Paris, le 14 Décembre 1954.

Pour le Secrétaire d'État et par délégation :
Pour le Général, Directeur
P.O. Le Lt-Colonel BOITTE,
Chef du 6è Bureau

[1] Rayer les mentions inutiles.
[2] Nom, prénoms et adresse complète.

J. U. 332733. [26243]

l'abri des tracasseries des SS. Le seul grand danger était le Kapo, brute déchaînée exerçant sur les malades ses talents de détraqué suralimenté grâce à ses rapines.
Le 5 avril, l'approche des Anglais décide les SS à une première évacuation du camp. Tous les malades et amoindris physiques sont envoyés dans un « camp de repos », c'est-à-dire de destruction, à Bergen-Belsen, dont vous connaissez sans doute la tragique histoire et les journées douloureuses de la libération par les Anglais le 15 avril. Cette joie à la vue des chars alliés envahissant le camp et de nos geôliers maltraités par les libérateurs, Arnaud l'a connue. Son âme religieuse se recueillait dans l'immensité de sa joie. Mais sans cesse cette angoisse : le mal grandissait et quelques jours après la délivrance, c'était pour lui la mort en une chaude nuit d'avril.
Il s'est éteint après quelques heures de souffrances, religieusement sans doute, car il s'était préparé à la mort depuis quelques jours. J'ai vu son cadavre le lendemain matin au petit jour, allongé devant la baraque, une main crispée sur la poitrine comme pour conjurer le mal.

Je sais, de diverses sources, que votre père a été le réconfort de beaucoup et, d'après certains témoignages faits de vive voix, qu'il donnait volontiers son pull-over et quelquefois sa maigre ration de nourriture ; aussi est-ce dans un état d'extrême fatigue physique qu'après un court séjour au *Revier,* l'hôpital du camp, il fut en effet transporté à Bergen-Belsen. Ce fut la dernière station de son douloureux chemin de croix. Au cours de la sinistre nuit du 19 avril 1945, je fus réveillée en sursaut comme si on m'avait tapé sur l'épaule : c'était Marcel, j'en suis sûre, qui s'éteignait à cette vie de souffrance pour rentrer dans la maison du Père avec une dernière envolée vers nous quatre. Je me suis jetée à genoux et j'ai longuement prié cette nuit-là.

POUR FINIR, JE NE PEUX QUE SOUSCRIRE à ce que, dès novembre-décembre 1945, le journal *Le Maquisard* écrivait de votre père dans un très bel article signé « J.G. » (initiales de son ami Jules Gueydan) et intitulé « Marcel Arnaud, déporté politique, mort pour la France » :

Parmi les figures les plus pures de la Résistance française et haute-alpine, parmi ses noms les plus sacrés, il en est un qui n'a donné lieu à aucune manifestation officielle, à aucune citation, pour lequel il n'est question ni de monument, ni de stèle... Celui-là, pourtant, plus qu'aucun autre restera vivant en la mémoire de ses compagnons.

Marcel Arnaud laisse parmi nous le souvenir d'un garçon rayonnant, à la volonté ferme, aux idées nettes et aux vues larges ; un militant dans toute la force et la beauté du mot. Il était doué d'un étonnant pouvoir : la rare faculté de « polariser » autour de lui toute âme de bonne volonté, de galvaniser aussi toute énergie tendue vers le bien. [...]

La vie de Marcel Arnaud est remarquablement une. Son activité de résistant ne se dissocie pas de sa vie de militant qui elle-même se confond avec son existence d'homme et de citoyen : elle en est la suite inévitable. [...]

Le 2 novembre 1945, un service religieux était célébré en l'église Saint-André – sa paroisse – à la mémoire d'Arnaud. Malgré le caractère strictement officieux de cette cérémonie, une foule d'amis étaient là, évoquant dans un recueillement grave et une intense émotion la figure de celui qui pour beaucoup était un frère et un guide. Et il nous faut vaincre une sorte d'égoïsme – tant est grande la fierté d'avoir connu Marcel, si précieux est son souvenir – pour penser comme il convient à la somme de douleur que provoque sa mort ; pour penser en particulier à ce que peut être la douleur d'une épouse, la peine d'une sœur ; pour réaliser ce qu'humainement ont perdu trois fillettes qui ne connaîtront pas l'homme qu'était leur père. [...]

Ceux qui ont pu revenir [des camps] et qui l'ont approché là-bas ont éprouvé, plus que nous encore, l'étrange force de cette âme de choix, disciple de saint Benoît et du pauvre d'Assise, dont la charité savait être universelle et dont la fin humaine, par son dénuement même, est un couronnement.

« Pour nous, chrétiens,
il faudrait souhaiter
mourir martyrs. »

Marcel à 28 ans,
en 1939